走遍世界很简单

ZOUBIAN SHIJIE HENJIANDAN

比利时大探秘

BILISHI DATANMI

知识达人 编著

成都地图出版社

图书在版编目（CIP）数据

比利时大探秘/知识达人编著 . — 成都 : 成都地
图出版社 , 2017.1（2021.10 重印）
（走遍世界很简单）
ISBN 978-7-5557-0301-3

Ⅰ . ①比… Ⅱ . ①知… Ⅲ . ①比利时—概况 Ⅳ .
① K956.4

中国版本图书馆 CIP 数据核字 (2016) 第 094282 号

走遍世界很简单——比利时大探秘

责任编辑：游世龙
封面设计：纸上魔方

出版发行：成都地图出版社
地　　址：成都市龙泉驿区建设路 2 号
邮政编码：610100
电　　话：028－84884826（营销部）
传　　真：028－84884820

印　　刷：唐山富达印务有限公司
（如发现印装质量问题，影响阅读，请与印刷厂商联系调换）

开　　本：710mm×1000mm　1/16
印　　张：8　　　　　　　字　　数：160 千字
版　　次：2017 年 1 月第 1 版　印　　次：2021 年 10 月第 4 次印刷
书　　号：ISBN 978-7-5557-0301-3

定　　价：38.00 元

前 言

美丽的大千世界带给我们无限精彩的同时，也让我们产生很多疑问：世界上到底有多少个国家？美国到底在什么地方？为什么奥地利有那么多知名的音乐家？为什么丹麦被称为"童话之乡"？……相信这些问题经常会萦绕在小读者的脑海中。

为了解答这些问题，我们精心编写了这套《走遍世界很简单》系列丛书，里面蕴含了世界各国丰富的自然、地理、历史以及人文等社会科学知识，充满了趣味性和可读性，力求让小读者掌握最有意思、广泛的知识。

本系列丛书人物对话生动有趣，文字浅显易懂，并配有精美的插图，是一套能开拓孩子视野、帮助孩子增长知识的丛书。现在，就让我们打开这套丛书，开始奇特的环球旅行吧！

路易斯大叔

　　美国人，是位不折不扣的旅行家、探险家和地理学家，足迹遍布全世界。

多多

　　10岁的美国男孩，聪明、活泼好动、古灵精怪，对一切事物都充满好奇。

米娜

　　10岁的中国女孩，爸爸是美国人，妈妈是中国人，从小生活在中国，文静可爱，梦想多多。

目　录

引言 / 1

第 1 章　漫画博物馆和国会大厦 / 5

第 2 章　大广场 / 12

第 3 章　艺术的体验 / 39

第 4 章　美的历程 / 47

第 5 章　莎布仑广场 / 57

第 6 章　海瑟尔园区 / 67

目 录

第 7 章　50周年纪念公园 / 82

第 8 章　泰尔维伦公园 / 96

第 9 章　带花边的石房子 / 105

第10章　万能大钟 / 112

　　6月的比利时气候宜人。路易斯大叔和米娜、多多他们在布鲁塞尔国际机场一下飞机，这里不冷不热的气候，就让他们旅途的疲劳减轻了不少。晴朗的天空下，是干净的广场和街道。空气也似乎为了专门欢迎远道而来的客人，呈现出一片清新。

　　米娜兴奋地说："我们来这里玩，真是英明的选择！"多多得意地说："这可是我提出来这里玩的！"米娜不服气地说："那也得我和路易斯大叔同意才行。再说了，你还不是想来吃这里的巧克力！"多多反驳说："你还不是一样喜欢吃，你还想看这里的衣服呢。"

　　米娜和多多正斗着嘴，通往比利时首都布鲁塞尔的火车进站了。路易斯大叔他们先乘火车，在北站下车，然后换乘地铁，在植物园下车后，沿着皇家大道向北走了不多远，便到了提前预订的布鲁姆宾馆。

　　路易斯大叔他们选择入住这里，也是经过了一番考虑。这里虽然不是地处布鲁塞尔市中心，但临近植物园，环境优美、安静，周边景点密布，也便于游览。

　　米娜一走进自己的房间，就有了惊喜，她喊道："我们进到画里了！"原来这家宾馆的老板是位有心人，他邀请了世界上200多位艺术家，在宾馆的墙壁上进行创作，让整个宾馆的装饰风格和附近的植物园协调起来。亲近自然可以说是这家宾馆的一大特色。

　　稍事休息，便到了用餐时间，多多对着美味的海鲜，埋头奋战，还不时地介绍一些海洋动物的习性。米娜一如既往地像公主一样，对那些精致的点心、面包、饮料，细品慢尝，经常让多多帮她拿东西。

多多虽然不情愿，但还是一边嘟囔着："我又不是你的仆人。"一边帮米娜拿东西。因为他知道，如果米娜不跟他说话，他会很无聊的。路易斯大叔则对巧克力味和果香味的啤酒赞不绝口。

喜欢运动的路易斯大叔他们，自然不会错过在植物园里散步的好机会。多多能说出许多当地花草的学名，甚至对它们的习性和植物学分类也一清二楚。米娜看到大片的花草，兴奋得在路上又蹦又跳，轻盈得像翩翩起舞的蝴蝶。

第1章

漫画博物馆和国会大厦

走在布鲁塞尔的街头上，随处可以看到墙壁上绘制的大幅漫画，漫画也因此成为比利时的世界名片之一。路易斯大叔他们虽然有些累，但米娜和多多实在是抵挡不住随处可见的漫画的诱惑，于是他们决定现在就去参观漫画博物馆和国会广场。

他们从植物园往西走，经过布鲁塞尔著名的商业街讷沃街，然后拐进一条并不醒目的胡同，就到了著名的漫画博物馆。这是一座三层建筑，屋顶竟然是玻璃的。

"它建于20世纪初，"路易斯大叔说，"由著名建筑师维克多·霍塔设计，曾经是一座百货商场，如今被改造成具有新艺术派风格的漫画博物馆。半透明的玻璃屋顶保证室内有充足的光线，很适合漫画图书的挑选和阅读。"

走进一楼的大厅，多多和米娜立即置身于一大群"老朋友"中：造型超萌的蓝精灵、运气总是那么好的卢克、正直勇敢的丁丁和他那忠心耿耿的狗白雪、百折不挠寻找七

龙珠拯救世界的小悟空、英勇无畏打击空中大盗的飞行员红猪侠、用
自己的智慧和勇气与坏人斗争的斯皮鲁及范德西……

　　对这些动漫形象，尽管多多和米娜非常熟悉，但现在的他们依然
是兴奋不已，倍感新鲜，因为很多展厅里的主要动漫形象和道具，都
被做成了真人大小的模型，与观看漫画书和影视时的感觉完全不同。
在这里，可以更加仔细地欣赏他们的造型。

　　大厅里，摆着风靡世界的《丁丁历险记》中的主角丁丁的雕像，
旁边的墙上挂着"丁丁之父"——埃尔热手扶丁丁石雕像的照片。雕
像塑造得非常传神。丁丁嘴角微微上翘，既显示出一种自信，又像对
邪恶行为的嘲笑；而其坦然望向远方的眼睛，表达出其内心的正直；
头上前部中间翘起的那撮头发，似乎在彰显他绝不妥协的性格。

除了丁丁的造型，还有他乘坐的老爷车。在一个楼梯口的边上，则摆着他登上月球乘坐的红白相间的火箭。尤其是丁丁一边穿衣服，一边往外跑，他身边的小狗一边跑一边回头看他的塑像，显得格外有动感。

其他人物，如船长、杜邦兄弟、教授和将军等，虽然不是主角，然而也被塑造得生动逼真，各种动作、姿态完全再现了漫画中人物的神韵。

路易斯大叔他们还看到了站在一个走廊一端的红猪侠，他戴着墨镜，风镜扣在额头上，脖子上围着白色围巾，挺着圆滚滚的肚子，双手插在裤兜里。多多轻声说："真酷！"米娜则说："真可爱！"

米娜每次走到一些小房子或者小城堡前，都要逗留很久，它们都被制作得很精巧。她感慨地说："人们都喜欢住大房子，可是我觉得

这些小房子更可爱呢！"

就这样，他们从一个展厅到另一个展厅，每一个展厅都有自己的主角和风格。米娜兴奋地小声说："真过瘾，我们进入到动画片里了！"

"真是一闻不如一见呀！"多多说。米娜纠正他说："是百闻不如一见，好不好！"路易斯大叔说："跟动画片里的形象面对面，感觉果然不一样。"

这座博物馆里，不仅展示了许多动漫形象及场景，还有一些实物和资料图片。三人通过这些，了解了动漫的制作和生产过程。另外，这里收藏了数千种漫画图书，琳琅满目。那些50年来活跃在动漫界的漫画家以及比利时的漫画的发展过程，也都有资料介绍。

不知不觉中，一上午就过去了。米娜和多多买了一些漫画手办、小饰物、小挂链等纪念品，才恋恋不舍地离开。

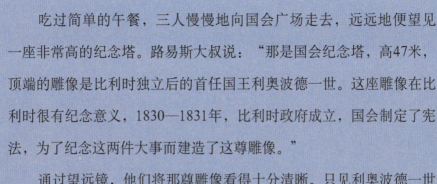

　　吃过简单的午餐，三人慢慢地向国会广场走去，远远地便望见一座非常高的纪念塔。路易斯大叔说："那是国会纪念塔，高47米，顶端的雕像是比利时独立后的首任国王利奥波德一世。这座雕像在比利时很有纪念意义，1830—1831年，比利时政府成立，国会制定了宪法，为了纪念这两件大事而建造了这尊雕像。"

　　通过望远镜，他们将那尊雕像看得十分清晰。只见利奥波德一世站立在塔的顶端，一只脚踩在塔顶圆台的中间，一只脚踏在圆台的边缘；一只手拎着帽子，一只手挂着剑；宽大的披风垂在背后，显得威武而庄严。国王四周环绕着金色的低矮围栏，上面装饰着王冠和长翅膀的雄狮。

路易斯大叔对米娜和多多说："你们谁能说出来这座雕像的设计者和建筑者，今晚的晚餐由我请客，好不好？"

"雕像是约瑟夫·波拉尔设计的。"米娜抢着说。

"它是查理斯·罗吉尔在1850—1859年期间建成的。"多多也不甘落后。

"恭喜你们，都答对了！"路易斯大叔笑着说。米娜和多多高兴地欢呼了起来。

走近纪念塔，他们看到塔的底座上还有4尊人物雕像。路易斯大叔说："它们分别代表比利时宪法规定的4项自由权：查尔斯·弗

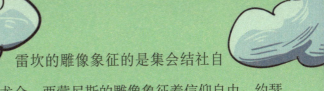

雷坎的雕像象征的是集会结社自由；尤金·西蒙尼斯的雕像象征着信仰自由；约瑟夫·吉弗斯的雕像有两座，分别象征着出版自由和教育自由。"

纪念塔前面还燃烧着一簇火焰，这是永恒的象征。火焰两边有两座铜狮守护着。

纪念塔的底座上刻着一些文字，注明了比利时独立斗争期间的重要日期，比利时国会及临时政府成员的名字也出现在这里，还有一部分1830年比利时自由宪法的内容。

米娜在广场上观赏的时候，不禁惊叹道："比利时真是个精致的国家，你看，连路灯灯杆都做得这么精致！"

听了米娜的话，路易斯大叔和多多也注意了一下路灯。他们看到有一个路灯灯杆的顶部有一尊女神雕像，脚踩怪物，背生双翅。再往下一段是两个小孩子的雕像，他们都是一只手扶着路灯灯杆，另一只手伸出去扶着托起路灯的花栏杆。最下面的路灯杆底座上是4个站立着的小孩雕像，他们的胳膊挽成一圈，绕在路灯灯杆的四周。

"真不愧是艺术之都！"路易斯大叔感叹说。

第 2 章

大广场

到比利时旅游，如果不参观布鲁塞尔的大广场，那绝对是一种遗憾，就像到了北京不参观长城、故宫一样遗憾。大广场是布鲁塞尔最盛名的旅游景点，也正是今天路易斯大叔他们要参观的地方。

"虽然'大广场'这个名字听起来没什么特色，"路易斯大叔边走边说，"也不是很大，只是一个110米长、70米宽的方形广场，但处处弥漫着艺术气息，极具魅力，令人倾倒。法国著名作家维克多·雨果曾经在这里居住过，他将这里称赞为'世界上最美的广场'。"

　　"雨果啊，那是我的偶像！"多多兴奋地说，"路易斯大叔，我们快点走，我要去看看被偶像称赞过的地方。"

　　三人加快脚步，很快便看到了一个非常奇特而美丽的广场，四

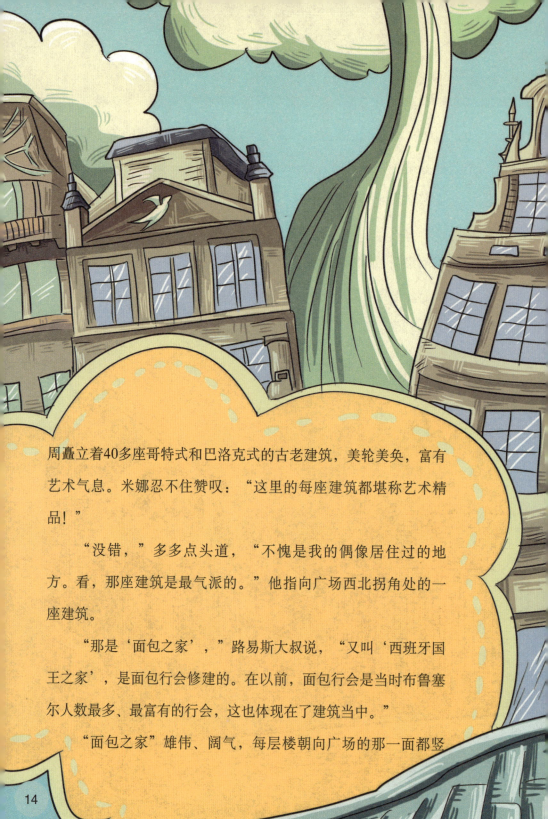

周蠡立着40多座哥特式和巴洛克式的古老建筑，美轮美奂，富有艺术气息。米娜忍不住赞叹："这里的每座建筑都堪称艺术精品！"

"没错，"多多点头道，"不愧是我的偶像居住过的地方。看，那座建筑是最气派的。"他指向广场西北拐角处的一座建筑。

"那是'面包之家'，"路易斯大叔说，"又叫'西班牙国王之家'，是面包行会修建的。在以前，面包行会是当时布鲁塞尔人数最多、最富有的行会，这也体现在了建筑当中。"

"面包之家"雄伟、阔气，每层楼朝向广场的那一面都竖立着8根方石柱，金色的花纹浮雕装饰着柱子的上下两端。半球形的楼顶下是六角形的阁楼。屋顶上是一座金色人物雕像，口吹金色长号，双手托着随风而飘的带子，一条腿站立，另一条腿则向侧后伸出，整座雕塑显得轻盈、灵动。屋顶上还有六座姿势各不相同的男女雕像，或拎着罐子，或手拿铲子。在第四层的正中间，有一个头戴王冠的半身雕像，王冠下是披在肩上的长卷发，路易斯大叔说："那是17世纪的西班牙国王查理二世，而拱形大门顶部的半身雕像是面包行会主管圣奥伯。"

　　"面包之家"左边的建筑宽度只有"面包之家"的一半，没有那么气派，但风格更多样化，尤其醒目的是二层楼底层的墙壁上雕刻着的独轮车图案，周围的浮雕花纹十分精美。

　　路易斯大叔说："它是'独轮车楼'，属于油漆行业会所。"

　　独轮车楼每层楼的前面支撑着一些石柱，石柱的形状和花纹各不相同。在多多和米娜眼中，最有特色的是第三层的石柱，看上去像五根硕大的麻花竖在那里，而且"麻花"旋转方向也是对称的，中间3根朝向一个方向，两边的两根则呈相反的方向转动。多多笑着对米娜说："哇，真了不起，比利时人用手推车把中国天津的大麻花运来盖房子了。"

　　独轮车楼最上层是一个装有两扇窗户的阁楼，窗户两边是垂直朝下的谷穗形状浮雕，窗户最外边的墙壁上是两串朝相反的方向弯曲的"谷穗"浮雕。两扇窗户的上面有一个人握着手杖的雕像，那是行会的总管圣吉尔。圣吉尔的头顶上方是半圆形穹顶，最上方居中是一个大贝壳形状的金色雕塑，两边则雕刻着许多鲜花水果。

　　"看那边，好奇怪的雕像！"米娜突然指向左方。

　　多多和路易斯大叔看过去，在一栋大楼的前方有一头母狼的雕像，母狼侧卧在地上，身前趴伏着两个可爱的、胖嘟嘟的小男孩，仰着头正在吮吸母狼的乳汁。原本凶狠的母狼此时万分慈爱，伸出舌头轻舔着其中一个小男孩。雕像形态逼真，既充满情趣又让人感动。

米娜说："狼竟然会给人类喂奶，这应该表现的是狼孩吧。"

"你太孤陋寡闻了。"多多说，"这两个可是大名鼎鼎的罗马城的建立者。有一个非常有名的传说：在古意大利，战神马尔斯爱上了女祭司西尔维亚，后来生了一对孪生子。西尔维亚原先是国王努米托尔的女儿。王位被国王的弟弟阿穆略篡夺后，西尔维亚被迫做了女祭司。孩子被抛弃在台伯河里，被水冲上岸后，一只母狼收养了他们。当牧人发现了他们后，收养下这两个孩子。两个孩子长大后，给自己的长辈报了仇，并在台伯河边建了罗马城。"

　　路易斯大叔说："多多说得没错，因为这尊雕像，大楼被称为'母狼之家'，据说这里以前是弓箭手会所。"

　　"母狼之家"有许多与弓箭手或打猎有关的雕像，例如三楼的方形石柱上都有一组人物雕像，手中拿着打猎的工具，脚旁都有一只动物，或是狗，或是鹰，或是鸽子。四楼的墙面上则有一个浮雕，一位在云端上的英雄持弓发箭，正在射向一条怪蛇。

　　"母狼之家"左边的那座楼装饰得十分繁复，精美的雕塑大多

与船有关。路易斯大叔说："它就是'船夫之家'。你们看，一楼中间的窗户上半部分那个金色浮雕，是一个小号角，所以又叫'小号角楼'。"

船夫之家二楼窗户旁边的雕塑既像珊瑚，又像翻卷的浪花。三楼有3个圆形窗户，窗格被做成了船舵的形状，窗户两边则是船舵、船锚、绳索、剑等水手用品。四楼更有意思，有3位骑马的人物雕塑。四楼上面还有半层，前面的围栏做成了船沿的样子，顶部则做成了弧

形的船篷形状。再往上是一组近似方形的浮雕，4位天使朝四个角吹风，吹出的风以金色来装饰。最上部则是两头俯卧的金狮，拱卫着一尊王冠。整个上半部就像一艘装饰精美的双层楼船。

除此之外，大广场周边还有一些行会大楼，名字同样稀奇古怪，比如"袋子""驴子""胡子""小狐狸""孔雀"等，它们分别是木匠行业、运输业、理发业、商业、绘画业的办公楼。这些名称以及大楼精美而有趣的雕塑，让大家游览时既能欣赏到艺术，又能觉得趣味十足。

大广场的南边同样有一座宏伟气派的建筑，那是布鲁塞尔的市政厅。它几乎占据了广场的整个南侧，是一座非常漂亮的哥特式建筑，有着高耸的尖塔、尖形拱门、修长的束柱、装饰着彩色玻璃的大窗户，以及精美的雕塑，显得宏伟，古朴而典雅。

"看起来，市政厅的建筑风格似乎完全统一，"路易斯大叔说，"但实际上它并非一次建成。站在广场上，面对前门，左边的那一翼从1402年开始建造，由建筑师雅各·范·蒂宁负责，一直到1420年才完成，建成时只附带了一个小小的钟塔。之后，行会人员进入了市政

建设管理委员会，却对扩展市政厅的建筑产生了兴趣。于是在1444年，勃艮第公爵查尔斯亲手在那里铺放了第一块石头，由建筑师是吉约姆·德·维吉尔主持扩建右边那翼，历时十多年。中间那座90多米高的巨塔便是于1455年建成，取代了原来的小钟塔。"

随着路易斯大叔的讲解，多多和米娜的眼睛看向那座巨塔——一座八边形中空尖塔，高高耸立在四方形的塔台上，以石柱支撑，而且每层或每段的长度也比较大，中间则是空的，使整座庞大的建筑一点一

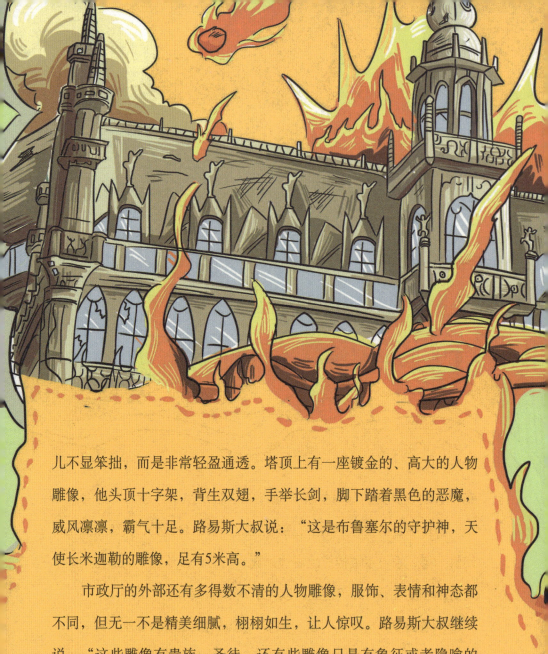

儿不显笨拙，而是非常轻盈通透。塔顶上有一座镀金的、高大的人物雕像，他头顶十字架，背生双翅，手举长剑，脚下踏着黑色的恶魔，威风凛凛，霸气十足。路易斯大叔说："这是布鲁塞尔的守护神，天使长米迦勒的雕像，足有5米高。"

市政厅的外部还有多得数不清的人物雕像，服饰、表情和神态都不同，但无一不是精美细腻，栩栩如生，让人惊叹。路易斯大叔继续说："这些雕像有贵族、圣徒，还有些雕像只是有象征或者隐喻的意义。它们很多并不是当初建造时雕刻的，而是后来雕的。因为在

　　1695年，大广场遭到法国军队的炮轰，市政厅除了外部的墙壁和框架外，内部的收藏和装饰全部被炮弹而引起的大火烧毁。随后，布鲁塞尔人立刻对其进行了修复和重建。1840年，市政厅开始全面整饬和修复，用从580年到1564年期间管理布拉班特的公爵及其夫人的203座雕像取代了原来的雕像，原来的雕像则被保留在布鲁塞尔王宫里。到20世纪90年代，高塔修复完毕。此后几年，布鲁塞尔人又时常对整个市政厅进行保洁和修复，一些有纪念意义的挂毯、雕塑和绘画也保留在里面。

　　"市政厅虽然历经了数百年，但依然显得很美，这绝对离不开布鲁塞尔人的勤劳和智慧。在历史上，这里不仅仅是市政府办公地，也是布拉班特的政府所在地。在比利时独立革命期间，这里也是临时办公地。"

离市政厅不远，是一座很不起眼的建筑，应该算是广场上最小的建筑，建筑风格也很普通，楼的顶部有一个六角形的金色星星。路易斯大叔说："它名叫'星之家'，虽然看起来比较普通，但历史比较长，早在13世纪的时候就存在了。"

"星之家"下面的墙上，有一座铜色的人物雕像，躺卧在基座上，看上去奄奄一息，两只手无力地放在身体两边。

"真奇怪，"米娜说，"人们一般都是雕刻英雄或是其他重要人

物，这里居然雕刻了一个病秧子。"

"事实上，他的确是一位英雄。"路易斯大叔笑道，"这就是布鲁塞尔著名的英雄塞尔克拉斯的雕像。早在12世纪初到14世纪初，在布拉班特公爵治理下的布鲁塞尔繁荣富庶，这引起了佛兰德斯伯爵的贪欲，占领了布鲁塞尔。这座楼最高的窗户上插着佛兰德斯伯爵的旗帜。几个月后，勇敢的塞尔克拉斯登上'星之家'，拔下佛兰德斯的旗帜，换上正统的布拉班特旗帜，激励布鲁塞尔人民起来反抗。然而他也被佛兰德斯伯爵谋杀，受伤的他就在这里去

世。于是布鲁塞尔人民按照他临终前的样子为他塑造了躺着的塑像，以此来纪念这位英雄。"

这个雕像的正上方有3组铜铸浮雕，反映的是布鲁塞尔人民奋起抗争的情景，再往上是一座布鲁塞尔战士高举旗帜骑马腾跃的雕像。雕像两边的墙壁上则是两幅大型的士兵浮雕。在大家观看这些雕像时，他们奇怪地发现，很多人会上前摸一摸塞尔克拉斯的雕像。它一定经过无数次抚摸，以致于突出部位变得光滑锃亮。

多多说："这些人对英雄未免太不尊重了，怎么能随便上去摸？"

　　"小朋友，这你就不知道了，"旁边一个当地的男子说，"这座雕像又叫'苦难者像'，我们这里流传着一个说法：人们只要摸了他的雕像，会带来一年的好运。大家都希望通过抚摸他这样一个小举动来获得好运呢。"

　　"原来如此，我也要去获得好运！"多多和米娜忙上前，摸了好几下雕像，嘴里还说着，"我要多多的好运。"

　　那个当地男子忙笑着阻止他们，说："别再摸了，做人不可贪心哟。摸一下，今生的苦痛都会被他带走，但如果多摸的话，苦难可是会回来的。"

多多和米娜连忙住手。

他们又转向左边的一座建筑，它的门头上有一只天鹅雕塑，天鹅两只翅膀呈半展开状，背后则是绿色的植物。多多一看，说："根据前面那些建筑的名字，我想它应该叫'天鹅之家'吧。"

"你说对了一半，"路易斯大叔说，"它是'天鹅咖啡馆'，也是相当有名气的。15世纪，这里是一座卡巴莱餐馆。1695年，它的木结构建筑毁于炮火，此后一座佛兰德斯巴洛克风格的石头建筑在这里竖起。1720年，这座建筑被屠宰业行会收购，变成了他们的会所。

"1830年，这里又变成一家旅馆。1845年，闻名世界的两位大思

想家——马克思和恩格斯来到这里并住下来。在此期间，他们写出了《哲学的贫困》和《共产党宣言》等影响世界的作品。"

从天鹅咖啡馆向左，他们走到一座建筑前面，它共分3层，每层都有4根又粗又高的圆柱子支撑。二层的4根圆柱的下部有镀金的树枝和树叶装饰，柱子顶端则是镀金花纹装饰。在二层和三层之间的墙壁上，则是3组可爱的儿童浮雕。楼顶有一个镀金骑马者的雕像，他骑在马上，一只手往侧面伸出，指向远方。骑马者下面的墙壁上，是一个由垂直的金色枝叶护卫着的古老徽标。

路易斯大叔说："看到那些树叶了吗？它的名字是'金树'。16世纪晚期，啤酒生产者行会购买了它，作为自己的会所。17世纪，这

里的木楼被炮火击毁后，啤酒协会出资用石材重新进行了建造，建筑师是威廉姆·德·布鲁恩。楼顶上那个骑马者是在1901年建造的，它是18世纪一座雕像的复制品，代表洛林的查尔斯，他是啤酒公会的捐助者。如今金树的地下室里是啤酒博物馆，在那里可以品尝到地道的比利时啤酒。"

　　从塞尔克拉斯像和市政厅之间的路往西南走，进入埃杜里弗小巷，他们看到了一个光屁股小男孩的雕像，雕像只有半米多高，有着卷曲蓬松的头发、翘翘的小鼻子、浑圆的小屁股，正扶腰着在旁若无人地对着池子撒尿。

多多立即兴奋地喊起来："我知道，这一定是小英雄于连的雕像。"

米娜也连忙说："我知道于连的故事！当年，西班牙侵略者入侵布鲁塞尔，当他们撤离时，企图用炸药炸毁布鲁塞尔。小于连夜间起来撒尿，发现了燃烧着的导火索，形势万分紧急。小于连灵机一动，便用尿浇灭了导火索，拯救了全城人民。所以，小于连成了英雄，被称为'布鲁塞尔第一市民'。"

"你们说的都没错，"路易斯大叔点点头说，"为了纪念小英

雄于连，在1619年，著名雕塑家迪凯努瓦制作了这座铜雕像。雕像连着喷泉，所以永远有水流出。令人惊奇的是，在布鲁塞尔狂欢节期间，小于连撒出来的就不是水了，而是啤酒！"

　　小于连雕像面前游客很多，很多人拍照留念，多多他们三人也拍了几张。这时，来了两个管理人员，将一件蓝色的小衣服穿在了于连身上，这让多多和米娜大感惊讶，路易斯大叔却说："这不奇怪。最初小于连雕像是裸体，不过，在1696年一位荷兰总督为他制作了第一件衣服，此后不断有各国来宾为他赠送衣服。如今小于连有数百件衣服，时常更换衣服。他的衣服存放在'国王之家'里，现在我们就去看看'国王之家'吧。"

　　"国王之家"位于大广场西北门，在市政厅的对面，是一座哥特

式风格的雄伟建筑，非常醒目。

　　看了"国王之家"的外观，米娜说："虽然它看起来十分雄伟气派，但与很多国家的皇宫相比，要差很多。我觉得，有点配不上国王的身份。"

　　"它虽然名为'国王之家'，"路易斯大叔说，"但从来没有国王在这里住过。它原来是一座建于13世纪的木结构的房子，被面包商用来卖面包，是面包批发和零售的场所。1405年，木结构的房子被石头建筑取代，这里逐渐成为布拉班特公爵的行政场所。西班牙腓力二世在此处当公爵时，这里是税务局，当他成为西班牙国王时，这里就

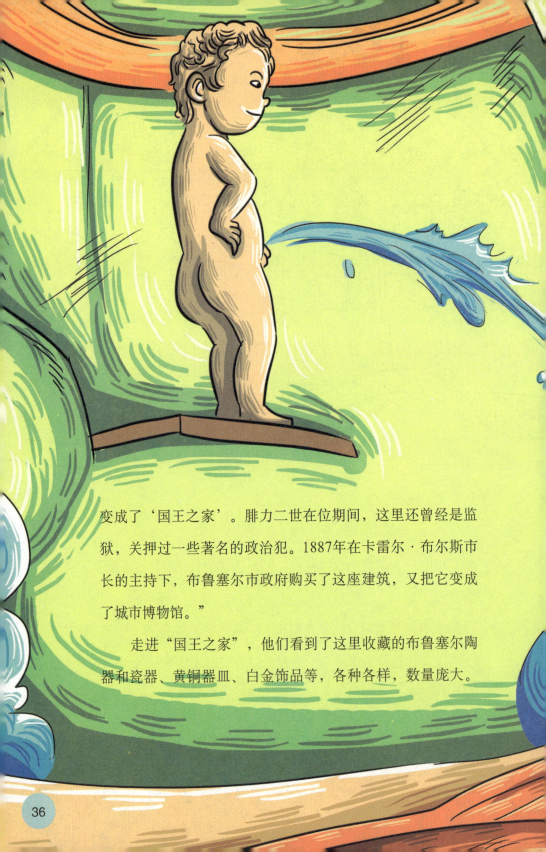

变成了'国王之家'。腓力二世在位期间，这里还曾经是监狱，关押过一些著名的政治犯。1887年在卡雷尔·布尔斯市长的主持下，布鲁塞尔市政府购买了这座建筑，又把它变成了城市博物馆。"

走进"国王之家"，他们看到了这里收藏的布鲁塞尔陶器和瓷器、黄铜器皿、白金饰品等，各种各样，数量庞大。

走到三楼，他们看到了那里展出的小于连的衣服，这些衣服风格款式各异，数量多到令人眼花缭乱。管理人员说，一共有近800套衣服！

从"国王之家"出来，三人又游览了一些有趣而美丽的地方。大广场的一切都让他们流连忘返，直到夕阳下山都舍不得回去。

鲜花地毯节

　　布鲁塞尔的一大盛事便是两年一度的大广场鲜花地毯节。届时100多万朵秋海棠，从距离布鲁塞尔100多千米的根特乡村运来，再精心编制成五彩缤纷的鲜花地毯，铺在广场上。鲜花中间是几个圆形大喷泉，喷泉喷出的水珠落在花瓣上，衬托得花朵更加娇艳、清新。每逢鲜花地毯节，广场便人山人海，场面极其壮观。1994年，这块地毯有1600多平方米大，编织的图案是"二战"中比利时军队"比隆旅"的军徽。

第3章

艺术的体验

经过一夜的休息，第二天早上路易斯大叔他们三人又都变得精神抖擞。他们从居住的地方搭乘有轨电车，到帕雷斯站下车，然后往右走，便到了布鲁塞尔的艺术之丘。

艺术之丘，坐落在一个小山丘上，环境清幽，有几座富有现代艺术风格的建筑，还有绿树环绕，并有鲜花点缀，是一个旅游休闲的好地方。

路易斯大叔说："这里原先人口密集，非常热闹。19世纪末，国王利奥波德二世买下了这片地方，想将这里变成'艺术之丘'。1910

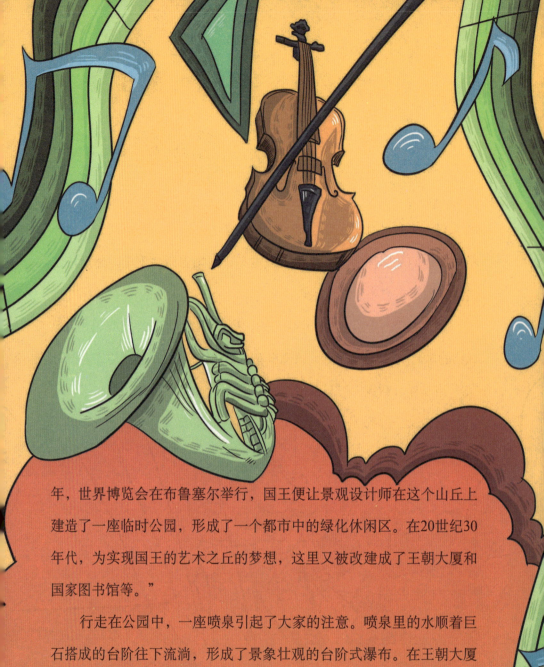

年，世界博览会在布鲁塞尔举行，国王便让景观设计师在这个山丘上建造了一座临时公园，形成了一个都市中的绿化休闲区。在20世纪30年代，为实现国王的艺术之丘的梦想，这里又被改建成了王朝大厦和国家图书馆等。"

　　行走在公园中，一座喷泉引起了大家的注意。喷泉里的水顺着巨石搭成的台阶往下流淌，形成了景象壮观的台阶式瀑布。在王朝大厦方形的大楼外，有一座英雄骑马的雕像，十分英武。路易斯大叔说，他是阿尔伯特一世，因为在一战期间带领国人抗击德国侵略而受到人民的爱戴，那位与他遥遥相对的手捧鲜花的美丽女子的雕像，是他的妻子伊丽莎白。

在路易斯大叔的带领下，大家一路向南走，很快走到一栋建筑前面。建筑被铸铁钢架和陶瓷玻璃包裹着，显得酷劲十足。路易斯大叔脸上露出向往的神情，说："这就是著名的乐器博物馆，它的历史可以追溯到1877年，当时属于布鲁塞尔皇家音乐学院。为了让学生们更好地了解早期音乐，学院需要各种乐器。最初有人向利奥波德二世赠送了一百件印度乐器，政府又出资购买了比利时著名音乐理论家弗兰克斯·约瑟夫·菲迪斯的收藏，后来又经过几代人的努力，或购买，或捐赠，到现在这里乐器藏品已经超过9000件，包括世界不同国家、不同时期的各种乐器。"

走进博物馆，发现大厅里人非常多。大厅中央有一座古老的电梯，装饰着精美的铁艺嵌花。大家走进电梯，手拉式栅栏缓缓关闭，电梯缓慢上升，机械运转声为大家开启了一场与音乐的对话。

博物馆中的整整4层楼被布置成展厅，从二楼的"传统乐器和文化"开始，展厅中摆放着各种各样的乐器，令大家惊叹不已。中国、卢旺达、阿富汗、婆罗洲、刚果、喀麦隆、科特迪瓦、俄罗斯、保加利亚等，世界各地的乐器应有尽有。一会儿看到18世纪时的铜制巴松管和风笛；一会儿是印度的拉达克喇叭，紧接着是日本的三弦琴；一会儿又看到半圆形的、像天使翅膀的形状的竖琴，雕刻装饰复杂，而且外面镀金。

在这些乐器中，有很多珍贵的稀有乐器，例如阿道夫·兰克斯发明的乐器和一套全世界独一无二的中国石编钟。另外还有一些形状奇特的乐器：米娜看到一件金黄色的乐器，竟然有7个喇叭、7根管子弯

弯曲曲集成一束，连着7个嘴，看来得需要7个人同时吹奏。更绝的是多多看到的一件乐器，有10根吹管，每根吹管下面的乐管越来越粗，还弯曲5次，就像一条大粗蛇一样，而这10根乐管竖着绕成一圈，就像一只大章鱼，显然这件乐器需要10个人同时吹奏。

在这里，人们还可以静下心来，好好地聆听优美动听的音乐。因为博物馆管理员别出心裁地根据各个展区的乐器，精心编辑录制了数百条音乐片段。

当路易斯大叔他们一走进展厅，便得到了一副耳机，每当走到自己感兴趣的乐器面前，他们就启动开关，聆听这种乐器发出的动人旋律，从西方的经典名曲，到东方的丝竹排箫；从舒缓的祭祀诗歌曲，到热情的、热带部落用树皮吹出的笛声；从非洲的鼓声，到中国敲锣打鼓的京剧唱腔……三人沉浸在神奇的音乐世界中，任思绪自由飞翔。

博物馆里还有语音实验室，可以

　　帮孩子们测试嗓音，多多和米娜都兴致勃勃地测试了一下，结果是米娜五音不全，多多则有当歌星的潜力，这让多多很是得意。

　　走进乐器制作作坊，他们站在一位老人身边，了解了一块木头是怎么变成小提琴的全部过程。临走时，路易斯大叔遗憾地说："如果有时间，我们还可以看到钢琴、吉他等乐器复杂的制作过程，只是我们应该走了。"

　　从乐器博物馆出来，他们向西南方向走去，很快便到了马格利特博物馆。这个博物馆位于皇家广场上，是一座三层的白色楼房，正面窗户上透出来的是蓝底白云的贴纸，上面有一幅幅美丽的图案。路易斯大叔说："这些是勒内·马格利特作品中的图案。而马格利特是比利时乃至全世界最重要的超现实主义画家之一，这个博物馆里收藏了他的200多幅作品。"

　　他们在博物馆中，细细欣赏着一幅幅著名的画作，其中那幅《光之帝国》最让他们惊叹。这幅画的神奇之处在于画面的下半部是一片树林中的房子，房子前有一杆路灯，路灯在黑暗中把房子、树木等的影子映在池塘的水面上。没有人怀疑这是一幅夜间的情景。然而，在往上看，却是蓝天白云。而房前一棵高高的树，有房子两倍高，直插蓝天。

　　三人在画前看了很久，米娜说："我感觉作者想突出这棵树，它虽然身在黑暗中，却竭力将枝叶伸向美丽光明的高空中。"

　　"或许你说得很有道理。"路易斯大叔说，"不过马格利特自己说过，他的画并非要表达什么主题，他的画就是让人们站在画前，发出这究竟是什么意思的疑问。"

　　多多和米娜最感兴趣的一幅画是，在一条大河的对岸是高耸的群山，河的这岸

是一簇长着阔大的绿色叶子的植物，这些叶子似乎是直接从地里冒出来的，几乎没有茎干，而且极其宽大、肥厚，上面的叶脉清晰可见，它们簇拥在一起，显得非常繁茂。可是仔细一看，那些叶子竟然是一些大鸟的形状，就像一群大鸟蹲在一堆草叶之中。

路易斯大叔他们一路看下去，每一幅画都是那么耐人寻味，画面构思巧妙，富有想象力。多多感叹道："真不知马格利特是怎么想的，所有的画都如此奇特，看起来很不合理，仔细想想却又富含哲理。"

"是呀。"米娜也说，"更奇特的是，明明是同一幅画，但我们三个人看了，却有不同的感受。"

参观了半天，三人都忘记了此时是吃饭的时间，直到多多的肚子咕噜噜地叫起来，路易斯大叔才想起来，他笑道："哎呀，光顾着精神食粮了，也得补充一点儿物质食粮。走吧，吃饭去。"于是他们走出博物馆，去找地方用餐。

第4章
美的历程

　　路易斯大叔三人填饱肚子后，来到了与马格利特博物馆相连的比利时皇家美术馆。

　　在这座漂亮的建筑前，路易斯大叔介绍说："美术馆分为两部

分，一部分是19世纪80年代建成的古典馆，一部分是现代建筑，两者之间有通道相连。古典馆收藏的是15—18世纪法兰德斯画派的经典名作，包括勃鲁盖尔、韦登和梅姆林等著名画家的代表作；后者的收藏则以19—20世纪的画作为主，什么野兽派啊、抽象派、立体主义等画作都能看到。"

只要一抬头，大家就可以看到美术馆的屋顶，两个馆共用一个屋顶，浑然一体，整座美术馆本身就是一件艺术杰作。

三人走到古典馆的入口，那里竖立着4根圆柱，3个长方形的门头

上各挂着一块牌子，每块牌子上都用英语标明美术馆的名字，也有中文、韩文、法文等语言标注的名字。4根圆柱上有4个方台，每个方台上有一尊人物雕像。

"比利时的雕像真多呀，"米娜说，"这里的4个雕像又是谁呢？"

路易斯大说："它们不是具体的哪个人，更多的是代表意义，分别代表着音乐、建筑、雕刻和绘画。这4个雕像分别是出自4位雕刻家

之手呢。"

　　在4根柱子两边各有一扇窗户，窗户上方各有一组浮雕，一组浮雕名为《音乐》，一组浮雕名为《艺术产业》。再往两边则是两组铜雕塑，一组名为《艺术的皇冠》，一组名为《艺术的教育》。据路易斯大叔说，这些作品都是出自名家之手。米娜不由感叹说："真不愧是皇家美术馆，连外部装饰都是名家的作品。"

　　入口处有3扇门，门上方的墙壁上均有一个人物半身雕像。路易斯大叔说："这3个人物都是比利时著名的艺术家，分别是绘画界、

建筑界和雕刻界的著名代表人物，而且他们的雕像也都是出自3位著名雕塑家之手。"

"真是艺术的三次方呀，艺术家给艺术家雕艺术品！"多多笑着说。米娜和路易斯大叔听了也笑起来了。

走进美术馆，路易斯大叔带领多多和米娜直奔第52展室和53展室。路易斯大叔说："这两个展室展出的是大师鲁本斯的作品。鲁本斯是我最喜欢的画家，他出生于德国锡根，成名于比利时安特卫普，他的一些作品堪称国宝！"

　　路易斯大叔的话让多多和米娜多了许多期待。当他们一进入那两个展室，便发现里面的画作绝对没有辜负他们的期待，米娜甚至忍不住叫起来："天哪，太完美了！"

　　的确，这里的每一幅画都非常完美，非常逼真，人物画像中的头发、胡子、眉毛等一根一根都非常清晰，人物的表情也都十分生动，连衣服上最小的纹路都看得一清二楚。米娜站在一幅小女孩的画像前面看了很久，小女孩长得非常可爱，金色的头发扎在头顶上，饱满的额头，无邪的眼神，红润的脸庞，鲜艳水灵的嘴唇，让人一看就喜欢。

　　"我越看就越觉得她好像要从画里走出来了。"米娜说。

　　"太像真的了。"多多说，"我都怀疑是你染了头发，走进画里去了。"

　　多多对《圣乔治斗恶龙》的画作非常感兴趣，画中威武勇敢的骑士骑在一匹白色战马上，手持长剑，左挡右护，正在奋力刺杀恶龙。那匹战马也画得极有精神，它昂首嘶鸣，鬃毛飘飞。鲁本斯采用了热烈的色调、狂放的笔触，使战斗场面充满激情，动人心魄。

　　多多一边欣赏画作，一边还对米娜介绍说："《圣乔治斗恶龙》

来源于《圣经》。圣乔治原本是一位殉教者，传说他曾经从一条恶龙爪下拯救过一位女孩，因此成了被人们传颂的英雄。在这幅画中，很明显那骑士就是圣乔治。"

在第70展室，他们看到了有名的《马拉之死》。这幅画是法国画家达维特的作品，描绘的是法国大革命家马拉被刺杀在浴缸里的惨状。画面令人震撼，马拉倒在浴缸中，身上的伤口清晰可见，浴巾被鲜血染红。他握着鹅毛笔的手垂落在浴缸外，另一只手还紧紧握着一

张字条。

　　米娜只看了几眼，就看不下去了，她说："这幅画看着太压抑了！"于是，三人离开那幅画，又去欣赏其他的画作，沉浸在美的享受中，久久不愿离去。

尼德兰

　　"尼德兰"的意思是"低洼之地",指的是欧洲的莱茵河、马斯河、斯海尔德河下游和北海沿岸这一带地域。这片区域地势非常低,大致包括今天的荷兰、比利时、卢森堡及法国东北部的一部分。中世纪时,尼德兰先属于法兰克王国,后又为德意志帝国和法兰克王国分有;16世纪时归西班牙王国;17世纪末,成为独立的荷兰共和国;1830年后,南部脱离尼德兰,成立比利时。

第5章

莎布仑广场

从比利时皇家美术馆出来，路易斯大叔一行人又赶往莎布仑广场。多多边走边喊："莎布仑，莎布仑，有沙子的地方。"

"望文生义，我还说是莎士比亚住过的地方呢。"米娜说。

"这次多多还真蒙对了。"路易斯大叔笑着说，"'莎布仑'这个名字来自法语，意思是'沙'，原来这里是一片湿沙地带，现在则变成了繁华的购物兼休闲区。"

　　路易斯大叔率先走向一个斜坡，他兴致勃勃地说："莎布仑广场分为大小两部分，斜坡上的就是大莎布仑广场，是旅游者淘宝的胜地。"果然，大莎布仑广场上有很多店铺，包括古董店、画廊、餐厅、酒吧和一流的巧克力店等。大家在各个店铺之中穿梭，都淘到了一些自己喜欢的"宝物"，多多和米娜嘴里更是塞满了美味的巧克力，两人吃得满嘴发黑。

　　大莎布仑广场上有座智慧女神喷泉。女神呈坐立姿势，手持圆盾，身边有几个小天使，有的手叉在腰上吹喇叭，有一个似乎把罐子弄倒了，罐子里的水洒了出来，正用担心的眼神看着女神。

　　大、小莎布仑广场的中间有一座非常精致的教堂。路易斯大叔说："它是莎布仑圣母院，由布鲁塞尔弓箭手行会建造。"

　　"教堂的窗户好高，"多多说，"1、2、3……有10多个呢。"

　　只见这些窗户高约15米，上面装饰着颜色鲜艳的彩绘人物和花、叶。外部是白色的，似乎没什么特殊，但路易斯大叔说："白色的外部非常奇特，在阳光的照射下会变幻出不同的颜色。现在是中午，在强烈的阳光照射下是白色的，但如果到了傍晚，在夕阳的照射下，就

会被涂上一层金黄色。"

三人走到教堂入口处，看到大门之上是莲花瓣似的拱顶，深深地凹进去，形成一个门厅。门厅两边的墙上是圣徒们的雕像，十分精致。门口上面圆形的穹顶下，居中雕的是头戴冠冕的圣母，一个孩子在她的怀里。两边各有3座形态各异，手持各种器具的雕塑，这些雕塑整体上是对称的，但细节上又各不相同。

走进教堂内部，可以看到排列整齐的大圆柱子，柱子与柱子之间形成了弧形的穹顶，穹顶的墙壁上也都有人物雕像，全都雕得细致、生动、繁复。

大家游览完莎布仑圣母院，来到小莎布仑广场。广场上竖立着48

根柱子，每根柱子上又是一座铜雕像，表面上生了铜锈，都呈现出铜绿色。路易斯大叔说："这些雕像代表了布鲁塞尔的48种行业。"

多多看到有座雕像，是两个男子站在一起，便好奇地问："路易斯大叔，站在这里的这两个男的是谁？"路易斯大叔说："他们是著名的艾格蒙特伯爵和奥尔努伯爵，因为反对西班牙统治而被处决。在处决前的晚上，他们被关在当时作为监狱的'国王之家'里。"

三人往西来到广场附近的比利时王宫。王宫属于洛可可式的建筑风格，气势宏伟，从外面看有很多浮雕，显得非常庄重，富有历史感，不失皇家气派。

第一层楼的方柱子上是一片片方形石板，石板与石板之间留有缝隙。柱子之间则是窗户与门，顶部都是拱形的。两个拱形之间的墙壁形成上宽下窄的贝壳形状，"贝壳"的两边和上边是向外凸的弧线，而这些墙壁的两边是向里凹的弧线。

　　二层和三层的窗户都是方的，中间部分的主体建筑是方形圆顶，正面6根大圆石柱子隔出五间房，撑起上面三角形的山墙。山墙上是一组浮雕，场景是一名妇女扶着高高的旗帜，招呼周围的人们，有点儿像法国的名画《自由引导人民》中场景。柱子的顶部都有翻卷的植物枝叶石雕装饰。在王宫的两端也各有一座方形建筑。

　　王宫外的广场上有很多鲜花和绿色植物，拼成各种美丽图案，周

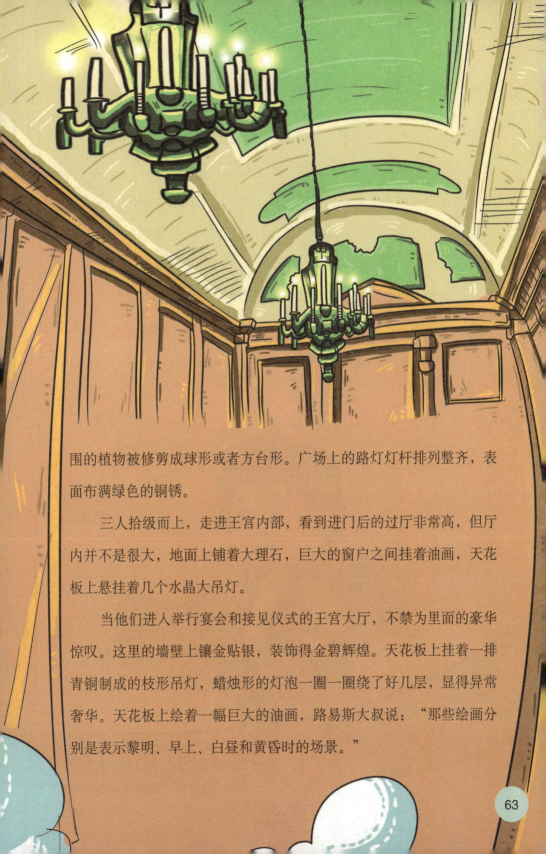

围的植物被修剪成球形或者方台形。广场上的路灯灯杆排列整齐，表面布满绿色的铜锈。

三人拾级而上，走进王宫内部，看到进门后的过厅非常高，但厅内并不是很大，地面上铺着大理石，巨大的窗户之间挂着油画，天花板上悬挂着几个水晶大吊灯。

当他们进入举行宴会和接见仪式的王宫大厅，不禁为里面的豪华惊叹。这里的墙壁上镶金贴银，装饰得金碧辉煌。天花板上挂着一排青铜制成的枝形吊灯，蜡烛形的灯泡一圈一圈绕了好几层，显得异常奢华。天花板上绘着一幅巨大的油画，路易斯大叔说："那些绘画分别是表示黎明、早上、白昼和黄昏时的场景。"

"镜厅"是王宫内很有名的一处房间，上面是一大片泛着金属光泽的方形绿色天花板，绿色吊灯从上面垂下来。路易斯大叔说："这个作品是由著名建筑师詹·法布尔和他那30人的团队，用160万只宝石甲虫的外壳做成的，名字是《快乐天堂》。"

　　镜厅里还布置了科普仪器或设备，参观者可以动手操作。在路易斯大叔的指点下，多多和米娜聚精会神地进行着一些操作，既觉得好玩，又学到了一些科学知识。

　　大楼梯同样让三人印象深刻。墙壁和石柱都是由奶白色的大理石建造，楼梯则是白色大理石做成的，楼梯栏杆的扶手是绿色大理石做成的。镶金的装饰和窗户上的绘画色调也与这些保持一致的色调，显

得非常和谐。天花板上是无数圆形和拱形图案，微微突起的边棱上雕着细致的花纹。

经过大楼梯，他们走进了王位室，里面装饰得富丽堂皇，巨大豪华的枝形吊灯由青铜做成，蜡烛状的灯泡排列成圆形，层层叠叠。天花板上有繁复的方形、圆形、弧形装饰，突起的边棱上有镶金的纹饰。墙壁上甚至壁炉上都装饰着精致的浮雕，地上铺的则是具有异国风情的橡木地板。

当三人从王宫中走出来，米娜还在回忆之中，她说："这个王宫虽然比不上中国的故宫那么奢华、宏伟，但还是挺气派的，比利时的

国王住在里面应该很舒服吧。"

"这你可说错了，"路易斯大叔说，"它虽然名为王宫，但是比利时国王并不住在里面，国王和王后住的地方是风景更优美、也更宽敞的拉肯城堡。而这里主要是国王办公的地方，用来接见外宾和举行各种仪式。国王和王后的内阁长官、财务负责人、安全警卫长官、外事长官、文书部长官以及民意和社会事务长官的办公室也都设在这里。如果王宫的穹顶上插着比利时国旗，那就代表国王在宫内。"

将近晚上，三人准备回到旅馆，去清点一下今天在莎布仑广场淘到的"宝物"。

第 6 章

海瑟尔园区

路易斯大叔一行人从住处出发，来到附近的地铁站，准备乘坐地铁在海瑟尔站下车，然后赶往海瑟尔宫。

到了目的地，米娜四处张望，打量着周围的一切，她说道：

"咦，怎么没看到宫殿呢？海瑟尔宫在哪里呀？这里都是现代建筑，我们是不是走错了？"

"我们没走错。"路易斯大叔指着周围几栋现代建筑风格的大楼说，"这里有12栋大楼，布鲁塞尔人就把它们叫作'海瑟尔宫'，它也被称为'海瑟尔高地'。1935年的世界博览会在这里举行，当时可谓盛况空前。现在保存下来的建筑中最吸引人的建筑之一是'百年宫'，"路易斯大叔抬手指向海瑟尔高地的北边继续说，"现在已经成为布鲁塞尔的贸易中心。"

多多和米娜的目光都转向百年宫。从正面看，它中间的主体部分是一座6层高的方形建筑，前面有4根方柱子拔地而起。从侧面看，它的两翼是呈台阶形状的建筑，看起来就像一些小的方箱子放在大的方

箱子上形成的台阶一样。大厦顶部，有一尊手扶帆船的妇女雕像。

三人逐渐走近百年宫，看到前面的4根方柱子上都有一个人物雕像。路易斯大叔说："这4个人物是比利时民族精神的象征，其中有一个雕像还是中国艺术家张充仁的作品呢。你们看，那座裸体男子的雕像是保罗·马修，就是张充仁雕刻的。"

在保罗·马修雕像的另一边又是一个男子的雕像，高举着一只手，身后的披风被风吹了起来，再往边上则是一个妇女的雕像。

百年宫的前面，有一块色彩缤纷的绿化带，修剪得非常整齐，一株株绿化树被修剪成圆顶的锥形，看上去绿油油的，一片片花儿红得像火一样，绿树映衬着红花，非常漂亮。平整的草坪黄绿相间，犹如用翡翠和琥珀铺就的。

　　绿化带中间是个方形的大池子，里面的喷泉落下串串水珠，有的变成朵朵细小的水花，有的如透明的水晶球，在水面上淘气地蹦跳几下，便钻入水中不见了。

　　"太独特了！"多多忽然指向百年宫的北边，"我从来没有见过如此独特的建筑。"

　　果然，路易斯大叔和米娜看到一个独具特色的建筑与百年宫遥遥相望，9个巨大的金属球体突兀地立在空中，相互之间用比较细的管道相连，远远看去，犹如悬在空中的圆球。

　　"那是著名的原子球塔，"路易斯大叔说，"是1958年布鲁塞尔为举办世博会而建的，因其设计别出心裁，建成后便成了欧洲最受游客青睐的建筑之一，更是比利时的标志性建筑。它是比利时著名工程师安德鲁·沃特科恩设计的，内部装饰则是由安德鲁与珍·波拉克共同完成。

"它按照铁元素的分子结构，并将其放大1650亿倍而建，9个直径18米、内部分为上下两层的不锈钢圆球和20根长26米、直径3米的不锈钢钢管，构成了这个高102米、重2200吨的宏伟建筑物。9个圆球，每个圆球就是一个铁原子，同时也代表比利时的9个省区，还恰好与当时欧共体的9个成员国数目相同。"

三人走到原子球塔前面，发现近看这个钢铁建成的庞然大物气势更加雄伟，由3组钢架支撑。

他们进入原子球塔的入口，再通过每两个球之间自动手扶电梯进入每个球去参观。来这里参观的人很多，但是一旦里面的人数超过了250人，便不再允许入内，直到有人出来才可以再进入参观。

每个球都分为两层，平面面积有200多平方米。圆球内是展览厅，主要展览原子球建筑的历史，介绍太阳能、和平利用原子能的知识，以及叙述宇宙航行的发展史等。

最后他们乘上从地面到顶端的圆球之间的电梯，直达最高处的圆球内部，这里设有观光区。他们放眼望去，将布鲁塞尔全城的景色尽收眼底。因为天气晴朗，阳光明媚，他们甚至透过绿树、白云，遥遥看到了很远处的安特卫普。

在最高处的圆球里，他们碰巧遇到一个旅游团，导游正在向团员

们介绍："对于这个原子球塔，设计师的解释非常深刻：当时比利时人刚从二战阴影中走出来，进入经济建设的快车道，原子球塔在于唤起世界人民对于将原子能用于和平途径的美好愿望。它的高度与法国的埃菲尔铁塔相当，又都是钢铁建筑，因此又被称为比利时的埃菲尔铁塔。"

从原子球塔出来，在路易斯大叔的带领下，三人走向不远处的"小欧洲"。路易斯大叔边走边说："小欧洲又称迷你欧洲，因为这里荟萃了欧洲闻名世界的建筑、广场、港口和文化胜景，共有80个城市的350座建筑，可以说是一幅袖珍版的立体欧洲旅游图，表达了欧洲各国联合的愿望。"

一走进园区大门，他们一眼就看到了一座"X"形状的高大建筑模型，欧盟各国的国旗在这里随风飘扬，显然这就是欧盟委员会的办公大楼模型。再往里走，就欣赏到了欧洲各国的名胜古迹和人文景观。当然它们都是模型，都被缩小了，埃菲尔铁塔估计有4米高，巨人般的荷兰风车现在还不如孩子高，至于火车、飞机和火箭等，就和儿童的玩具差不多大了。

"迷你欧洲是按照实物的1/25制作的，"路易斯大叔说，"制作精致巧妙，所有的模型和实物一模一样，连细节也不放过，不但形似，而且神似。"

　　每组模型之间由河流、绿化带、山、湖或者道路隔开。法国的埃菲尔铁塔、凯旋门，英国的大本钟和西敏寺，德国的勃兰登堡门和贝多芬故居，意大利的比萨斜塔及圣马丁广场，比利时的大广场和根特大教堂，西班牙的斗牛场，荷兰的风车和鹿特丹港，希腊的雅典卫城及神庙等，甚至连阿丽亚娜火箭、空中客车及高速火车等，他们都游览了一遍。

　　"这一趟来得太值了，"多多开心地说，"我们花了最少的钱和时间，走了最少的路，却游览到了最多的著名景点！"

　　更让多多和米娜兴奋的是，只要按下电动按钮，那些动物和人的模型还会动起来。多多按下西班牙斗牛场的模型按钮，剽悍的公牛便怒气冲冲地扑向手挥红巾的斗牛士，随之响起观众们的喝彩声；米娜按下了爱尔兰牧场的按钮，里面的羊群开始吃草，牧羊犬则汪汪叫了起来；随后她又被贝多芬故居那里播出的《第九交响曲》和《欢乐颂》的乐曲声吸引；多多还被维苏威火山爆发时的声音吓了一跳。

从迷你欧洲往东走，三人来到拉肯王宫区，这里有比利时国王和王后及其家人居住的拉肯王宫，还有远东博物馆。

路易斯大叔说："拉肯王宫又叫拉肯城堡，最早建成于18世纪80年代，但在1890年的时候，部分被毁掉。现在的建筑是1902年由法国建筑师查尔斯·吉罗设计修复的。"

让大家遗憾的是，拉肯王宫并不对外开放，他们只能在外面远观其外景。拉肯王宫显得比较朴实，却不失厚重和威严。数数外面的窗

户和门就知道王宫主体建筑是3间，4根圆柱撑起三角形的山墙，山墙上有一组人物浮雕，中间有一面圆形钟表。山墙后面与黑色的球形屋顶相连，在球形屋顶的左、中、右共有3个人物雕像。球形屋顶的顶部有一圈圆形栏杆，中间插着比利时的国旗。

王宫外墙几乎没有任何装饰，由于年代久远，砌成的墙好像生了青苔。王宫左右两端各有一座三层高、三间宽的附楼，主楼和两座附楼之间各有5间房屋由走廊相连，不过只有两层，它们的顶部则是带有栏杆的阳台。

在王宫前面的广场上有一座王国纪念塔，整座塔都是用白色的大

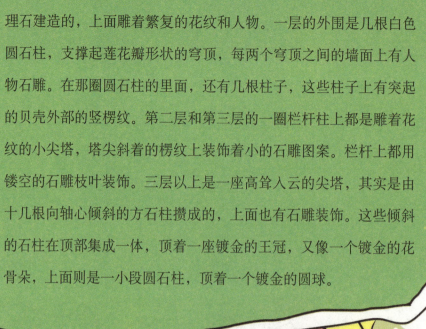

理石建造的，上面雕着繁复的花纹和人物。一层的外围是几根白色圆石柱，支撑起莲花瓣形状的穹顶，每两个穹顶之间的墙面上有人物石雕。在那圈圆石柱的里面，还有几根柱子，这些柱子上有突起的贝壳外部的竖楞纹。第二层和第三层的一圈栏杆柱上都是雕着花纹的小尖塔，塔尖斜着的楞纹上装饰着小的石雕图案。栏杆上都用镂空的石雕枝叶装饰。三层以上是一座高耸入云的尖塔，其实是由十几根向轴心倾斜的方石柱攒成的，上面也有石雕装饰。这些倾斜的石柱在顶部集成一体，顶着一座镀金的王冠，又像一个镀金的花骨朵，上面则是一小段圆石柱，顶着一个镀金的圆球。

　　海瑟尔园区值得参观的还有远东博物馆和皇家温室植物园。可惜温室植物园每年只有几天才对外开放，路易斯大叔他们是赶不上了，只好到花园东北角的远东博物馆参观。

　　路易斯大叔说，远东博物馆是王立美术历史博物馆的一部分，包括1900年在巴黎世博会上的中国馆的复原建筑，还有日本的五重塔和日本美术馆。当时比利时国王利奥波德二世看到中国馆金碧辉煌，喜欢异国建筑风格的他便花重金将其全部买下，并聘请法国建筑师在比利时复原了整座建筑，很多材料都是从法国和日本运来的。

　　中国馆和日本美术馆紧挨在一起。中国馆的正面有两层，中间有4根柱子，上面是镀金的盘龙。二层的窗户顶上也装饰有镶金花纹。

门前还有一个飞檐六角亭子，玲珑别致。

走进中国馆，他们看到楼梯的栏杆上装饰着金属铸成的枝叶，极其精致。里面收藏了许多康熙、乾隆年间的精美瓷器。瓷器上面描绘着颜色鲜艳的花草、生动活泼的人物。

当大家走出远东博物馆，天色已经暗下来，五彩的灯光纷纷亮起，使整个海瑟尔园区蒙上了一层朦胧而迷幻的色彩，更添一份美丽。其中最耀眼的当属原子球塔，近3000盏灯在球体上大放光明，以亮蓝色为主光线，犹如钻石般璀璨，远远望去，宛如仙境。

世博会

　　世博会的全称是世界博览会，又叫国际博览会或万国博览会，一般由主办国政府负责举办，向世界各国展示当时的文化、科学、技术等方面的成果。世博会最初是中世纪商人们举办的集市，后来因为影响越来越大，规模也更大。中国从1851年的第一届伦敦世博会开始，便是参展国之一，广东商人许荣村的丝绸获得了金奖和银奖。中国官方最早参加的世博会是1876年的费城世博会。

第 7 章

50周年纪念公园

吃过早饭，多多和米娜就穿戴整齐，迫不及待地对路易斯大叔说："路易斯大叔，我们都准备好了，出发吧！嗯——路易斯大叔，我们去哪儿？"

"让我想想——"路易斯大叔沉思了一会儿，然后说，"我们去看看'50周年纪念公园'吧，它又叫'50年宫公园'，堪称布鲁塞尔

的一个地标性建筑，相当好看呢。"

说走就走，三人立即出发赶往在布鲁塞尔市外的50周年纪念公园。在路上，路易斯大叔介绍说："1880年是比利时独立50周年，利奥波德二世国王想在布鲁塞尔举办世博会，以展示比利时的繁荣强盛，并为此大兴土木进行城市建设，其中的一个项目就是50周年纪念公园，面积有0.375平方千米。"

刚抵达公园，他们就被一座极其醒目的凯旋门吸引了目光。它气势雄伟，而且造型美观，雍容华贵，看上去令人敬畏。

路易斯大叔说："因为财力原因，这座凯旋门直到1905年才正式

建成。它高达45米，是世界上第二大的凯旋门，只比巴黎的凯旋门规模小一些。"

凯旋门有3个拱形的高大门洞，柱头顶部有翻卷的纹饰。门洞上方是顶楼，上面有一辆古罗马时代的二轮战车的青铜雕像，战车由4匹马拉着，马儿昂首挺胸，四蹄飞奔。马车上站着两个人，一人驾车，一人高举象征独立的旗帜。

在马车雕像的下面，还有4尊人物雕像，中间则是翻卷的植物枝叶和吹喇叭的天使，以及金狮子和金王冠的雕像。

路易斯大叔说："这3个门洞高22.5米，其上方的顶楼宫1.9米。顶端的雕像是布拉班特省的象征。"

隔开3个门洞的四堵高墙的墙根，各有一尊妇女雕像，背面也是如此，这8尊雕像分别是比利时其他8个省的象征。在中间门洞和右边门斗之间的墙上，镶嵌着比利时第一代到第五代国王的铜板像。

　　凯旋门左右两侧各有一幢楼房，外貌几乎一样。凯旋门和楼房之间由拱形走廊相连，走廊的墙上有36幅精美的镶嵌画。路易斯大叔说："镶嵌画题为'比利时的光荣'，表现了比利时的光荣历史。"

　　从整体上看，凯旋门及其两翼楼房，构成一个基本东西朝向的"U"字形状，像缓缓张开的两翼，拥抱着凯旋门前面的芸芸众生。

　　三人走向凯旋门左侧的楼房。路易斯大叔说："现在那里已成为汽车博物馆，陈列着世界各地在1886-1970年生产的400多辆不同汽

车，是世界上最著名的汽车博物馆之一。"

汽车博物馆是一座传统与现代风格相结合的建筑，正面是十几根圆柱支撑起的高大雄伟的石廊，廊顶的横梁上有简单的石雕花纹装饰，中间的4根石柱撑着半圆形的门廊，门头的方形墙上有人物浮雕。

汽车博物馆的展厅看起来更像是一个巨大的厂房，钢铁架构成一个开阔的拱形空间，里面的一切陈设一览无余。

看到那些形形色色的众多汽车，三人都有大开眼界之感。多多和米娜兴奋地跑到那些汽车前面，不时小心翼翼地摸一下汽车。路易斯大叔的相机则是响个不停。

博物馆中有一辆红色汽车，它是德国阿德勒公司在1938年生产的特朗普初级轿车。尽管它的配件有些老旧，但与现代汽车相比，即

使已经过了六七十年，却并不显得过时。它那深桃红色车身，依然颇为贵气；换气孔上密集的叶片就像百叶窗一样，十分别致；4个不太宽的轮胎，使车身增加了几分轻盈；车头上的3个车灯呈倒三角形分布，也显得很别致。

"看呀，这辆鲜红色的跑车，"多多忽然叫起来，"车头上竟然有6个大灯。哦，它是有名的英国制造的跑车。"

米娜一听，也跑过来看。这辆跑车的车头设计是椭圆和圆形的，显得非常流畅。除了它奇特的车灯，中间扁长的换气孔既像一张大嘴，又像一只奇怪的昆虫。

很快，他们的注意力又被一辆法国制造的汽车吸引了。它是银色的，车头特别长，两个喇叭就像两个小号那么大。车灯分两排，上面

两个大的一排，下面两个小的一排，车篷则紧靠在后轮前面。整辆汽车看上去像是一艘船。

多多还看到一辆1925年的汽车，整个车的外壳竟然是木头做的。而一辆1915年的轿车，车轮和今天在中国大街上看到的脚蹬三轮车车轮一样。相比而言，1958年的3个轮子的挎斗摩托车就不稀奇了。产自1935年的西班牙汽车，银灰色的车身，4个车轮上的外壳高高耸起，像一个巨大甲虫身上的外壳，非常气派。

在汽车世界里徜徉一番后，三人又走向凯旋门右侧的楼房。路易斯大叔说："这里是皇家艺术和历史博物馆，收藏了古代波斯、埃及、中国、玛雅、非洲等世界各地的文物和工艺品。"

一走进这个博物馆，三人便不由得发出一阵惊叹。

　　古希腊和古罗马风格的走廊，是一条高大的石廊，前面有7根石头圆柱支撑，石柱上有斜着盘绕的沟槽纹络，顶端装饰着石雕的植物枝叶。其中两根柱子上还有小小的、石斗形状的东西，应该是放火把或者灯用的。长廊的前面有一些人物和动物雕像。

　　马赛克风格的罗马狩猎图，是这里的珍品之一。画面上有的人一手持盾牌，一手持长矛，冲向猛兽，身后的披风高高飘起；还有的人在拉弓搭箭，准备射向猛兽，背上的披风飘向握弓的那只手臂；还有一个场面，一头猛兽正趴在自己的猎物上，两边各有一位骑士，骑着战马，握着长矛冲向猛兽，红色披风高高扬起。这两名骑士肌肉线条明显，突起部分的亮部和下凹部分的暗部过渡自然。

　　还有一头狮子正摁住一头鹿，锋利的牙齿深深地咬进了鹿的身

体，四只爪子牢牢抓住鹿的身体；另一头豹子则正扑向一头野猪，在野猪一条前腿的侧面撕开一条血口子。而在那头豹子后面，一个随从正放出两条猎狗，冲向那头豹子。在豹子的正面，一名猎手一手挽圆形盾牌，一手紧握一支长矛，正刺向它的腹部。在猎手的腿边，还有一头猛兽扑向一只小鹿。这头猛兽非常奇怪，整个身躯很像一头母豹，但是它长长的两个耳朵和短短的尾巴，又像一只兔子。嘴的两边伸出两个长长的牙齿，竟然各自分出了两个叉。

　　他们还看到了一座复活节岛上的石雕像，雕像头部的眉骨高高隆起，眼睛深深下陷，鼻子阔而高，下巴宽而圆。

　　一座美洲土著居民的图腾柱，让他们久久驻足。图腾柱的下半部分是一个印第安人的人像，他手拿一个奇怪的头像，长长的头发垂下来。

人像的脸部则是变形的，整个人脸比较长，下巴微微上翘，眼睛和口唇部是黄色的，鼻翼和厚厚的嘴唇则是红色的。嘴巴两边各有一道红色的弧形。其余部位则都是黑色的。人像戴着一顶后部垂到肩部的帽子，边缘是土黄色的。图腾柱上半部是一只展翅的鹰，有着黑色的冠羽、黄色的喙，眼睛周围是绿色的，黑色的爪子上部是黄色的腿。鹰的翅膀成圆角方形，上面涂着红、绿、黄和黑色。整个图腾柱把人和鹰的脚、嘴等细小的部位做夸大处理，使这些形象显得非常拙朴。

当三人从"古文明"中走出来，看着明亮的天空，竟然有一种恍如隔世的感觉。

　　"又回到现实世界了，"路易斯大叔说，"我们再去皇家军事博物馆看看吧。"说完，他走向公园广场左侧的建筑。

　　"太好了！"多多欢呼着，显然他非常兴奋。

　　军事博物馆与汽车博物馆相对，一楼下半部分的墙壁由方形的花岗岩砌成，表面比较粗糙；上半部分则由更规则、表面光滑的方形建材砌成。正面居中是由4根大柱子撑起的廊厅，顶部是方平台形，没有什么装饰。廊厅两翼各跨4扇窗子。廊顶外的两边，各有一个炮台，上面安放着两种铁炮和它们的弹药。

　　从廊厅往上，是一个巨大的半圆形窗户，辐射状的钢铁骨架，就像孔雀开屏，与钢骨架相连的是一圈圈环状的钢架。在第一、第二和第四圈的环状钢架上，有铁铸植物花叶状的装饰品，第四圈钢架上还装饰着王冠和雄狮，中央的王冠和雄狮下边有旗帜形状的装饰。

　　在这些主体钢架之间，密布着更细小的钢架，把这个巨大的半圆形窗户，分成一个个镶着玻璃的小格子。半圆形窗户的两边是两个圆顶窗户。

　　在军事博物馆中，三人看到了许多武器、军服和资料，路易斯大叔说，它们都是从中世纪到第二次世界大战时期的历史遗物。

　　他们首先参观的是主馆，里面展示的是比利时在19世纪时的军事文物，包括四轮加农炮，身着军装的士兵模型，描绘战争场面的绘画，重要人物的头像，当时士兵用的箭头、盾牌、军刀，海军用的帆船模型，军乐队使用的鼓、号等乐器。

　　大厅上部整齐地挂着两排旗帜，由红、黄、黑三色组成，每面旗帜旁边挂着一面鼓。在一个白色的人物头像周围，呈圆形密密麻麻地

摆放着十几把细长的军刀。

走出主馆，他们来到博物馆露天的院子，这里有M46巴顿式坦克，长长的炮筒指向天空。还有20世纪70年代比利时伞兵突击队使用的装甲车，车上坐着士兵模型，还驾着两挺机枪，看上去非常威风。

走进航空展区，他们看到了130架飞机，有二战期间纳粹德国空军和盟军使用的飞机，有飓风战斗机、喷火战斗机和蚊式战斗机，还有普通喷气战斗机、流星喷气式战斗机、瑞典龙式战斗机等。

参观完所有的博物馆，三人来到公园的广场。空旷的广场上有大片的绿树草地，以及绚丽的花朵。许多游客在这里悠然地闲庭信步，也有人坐在草地上。路易斯大叔他们三人也在草地上坐下来休息，同时享受着微风的吹拂和温暖阳光的照射。

马赛克

马赛克的原意是镶嵌、镶嵌图案或镶嵌工艺，是一种用小块的彩色的玻璃、石头或者其他材料贴在墙上或地面上等，拼装成一定的图案来进行装饰的艺术，所使用材料的形状大都是小方块。世界上最早的马赛克是在美索不达米亚的阿布拉的一座寺庙中发现的。最初只是有权势的人才能用得起这种装饰艺术，在罗马时期，一般民宅和公共建筑的墙面和地板都用这种方法来装饰，显示了罗马的富裕。

第 8 章

泰尔维伦公园

当大家准备出发时，米娜忽然提出了："我们接连几天去的都是标志性建筑、博物馆等地方，是不是该去一些自然风光很美的地方了？"

路易斯大叔说："我们现在要去的泰尔维伦公园，自然风光很优美，而且人文艺术气息浓厚。"

"太棒了！"米娜和多多欢呼赞同。

去泰尔维伦公园的路上，他们经过泰尔维伦大道时，便觉得风光与众不同。大道底下是一条与之垂直交叉的公路，两边是经过精心修剪的绿化带。在底下的公路两边，有两块巨大的长方形草坪，绿草如茵，白色小路穿插其间。

隔着宽阔的公路，三块相对较小的草坪与这两块大草坪遥相呼应，中间那块是标准的长方形，平整的绿草犹如一大块碧绿的地毯。

　　米娜用望远镜往远处望去，发现远处还有圆形的草坪和环状的草坪，后者中间有一个大喷泉，正在喷出白色的水线，给绿色草地增添了一抹活泼、灵动的色彩。

　　一走进泰伦维尔公园，首先映入眼帘的是茂密的树林和大片的绿地。妇女和孩子们穿着色彩鲜艳的衣服，穿梭在绿色的海洋中，就像盛开的鲜花一般。抬头看天，湛蓝澄澈，白云在悠闲地散着步。

　　三人行走在公园中，欣赏着优美的风景，不时可以看到小河和湖泊，宛如绿色的天幕上镶嵌上了大块的蓝色水晶。这里的很多湖岸和河岸都经过整修，整齐的石块砌在岸边，让水流的曲线变得更流畅、清晰。

当他们的目光顺着小河往前看去，小河要么越来越窄，最后钻入两岸茂密的树林里，消失不见；要么一座小桥突然横在河上，就像淘气的孩子蒙住了他们的眼睛，让他们看不清那边的风景。在一处河流的中间，有一块圆形的草地，草地上散落着高高低低的树木，显得非常别致。

在靠近水边的草地上，他们看到了大量正在觅食的鸟儿，还不时可以看到天鹅、野鸭等水鸟在水中悠闲地嬉戏。野鸭有长长的脖子和漂亮的羽毛，它头上的羽毛是黑色的，眼睛后下方则是白色的，脖子和身体相连的部位也是白色的，背上的翅膀是褐色和棕色相间。

"那种鸟儿是大雁吗？"米娜指着一种水鸟问，"体形倒是像大雁，可是要比大雁漂亮多了。"

多多和路易斯大叔看向那只水鸟。它那红色的腿又长又粗，脖子和后背的羽毛是黑红色的，尾巴梢则是黑色的，腹部是白中掺灰。眼球和眼圈是黄色的，嘴巴是红色。

"那是埃及雁。"路易斯大叔说，"你们看，那边还有两只埃及雁带着一窝小雁，它们在觅食呢。"

他们还看到了苍鹭，腿很长，头上还有一绺长长的羽毛垂到脖子后面，不时随风飘荡。苍鹭扁扁的嘴巴到了末端变得非常尖利。

公园里还有刺尾鸟，又叫雨燕。它们长得很漂亮，黑色的嘴巴长而尖，头顶、脖子后部、背部和长长的尾巴都是红色的，只是在翅膀末端点缀着一抹黑色，其余部位的羽毛则是白色的，腿和爪子都是灰褐色的。

"那里有几头'大象'，像真的一样！"多多大惊小怪地嚷着，并跑到大象前面，"哇，它们竟然是用树皮钉成的！你们快来看呀。"

米娜和路易斯大叔走过去，果然发现这些"大象"全部是用各种形状的树皮钉成的，真是别出心裁。

三个人都与"大象"一起照了几张照片，然后走向不远处的建筑。路易斯大叔说："那是皇家中非博物馆，在刚果还是比利时的殖民地时，由利奥波德二世下令设立的。"

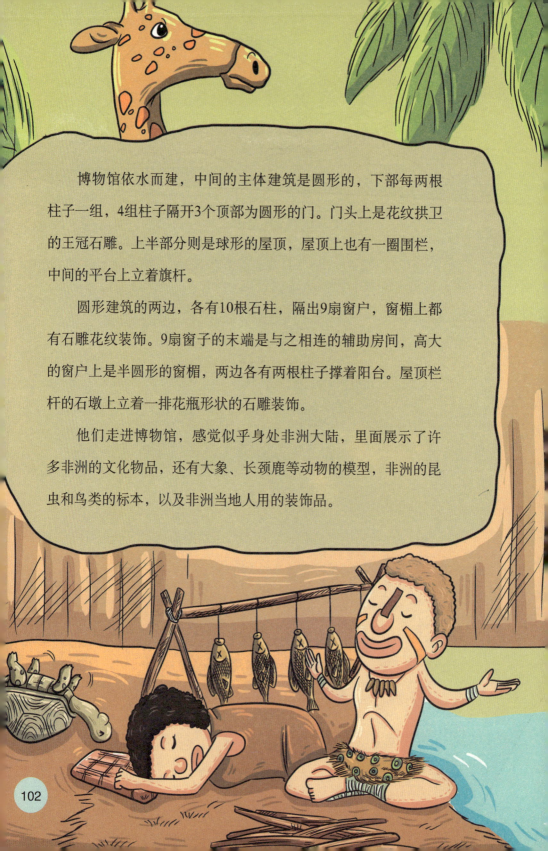

　　博物馆依水而建，中间的主体建筑是圆形的，下部每两根柱子一组，4组柱子隔开3个顶部为圆形的门。门头上是花纹拱卫的王冠石雕。上半部分则是球形的屋顶，屋顶上也有一圈围栏，中间的平台上立着旗杆。

　　圆形建筑的两边，各有10根石柱，隔出9扇窗户，窗楣上都有石雕花纹装饰。9扇窗子的末端是与之相连的辅助房间，高大的窗户上是半圆形的窗楣，两边各有两根柱子撑着阳台。屋顶栏杆的石墩上立着一排花瓶形状的石雕装饰。

　　他们走进博物馆，感觉似乎身处非洲大陆，里面展示了许多非洲的文化物品，还有大象、长颈鹿等动物的模型，非洲的昆虫和鸟类的标本，以及非洲当地人用的装饰品。

许多游客在观看一组表现非洲人日常生活场景的雕塑，路易斯大叔三人也围上前去参观。只见这座雕塑中有三个坐着的男人和一个卧着的女人，还有一只翻躺着的乌龟，以及燃烧着的烟斗和柴堆。整个雕塑将非洲人的生活场景刻画得栩栩如生。

另外，博物馆里还有大量各种奇怪的面具和人像雕塑。

参观完博物馆之后，三人又在公园里欣赏了一番美景，才心满意足地离去。

鲁本斯

　　彼得·保罗·鲁本斯（1577—1640）出生于德国，后随父母定居在佛兰德斯的安特卫普。14岁时曾在贵妇家中当侍童，学会了上流社会的礼仪和习惯。他先后师从风景画家维尔哈希特和多才多艺的画家阿达姆·凡·诺尔特及罗马归来的维尼乌斯，后又到意大利各地游学。1608年，在母亲去世后，鲁本斯便定居在安特卫普，同时积极创作，形成了自己独特的风格。他不仅是佛兰德斯最伟大的画家，他的作品也代表了西欧的巴洛克绘画风格。

第9章

带花边的石房子

次日早起，路易斯大叔手臂一挥，大声说："走，今天我们去安特卫普的市政厅。"

在路上，他边走边介绍："市政厅是文艺复兴时期的建筑，它综合了佛兰德斯和意大利两种建筑风格——你们知道市政厅的主要设计者是谁吗？"

多多："康纳利斯·弗洛里斯！"

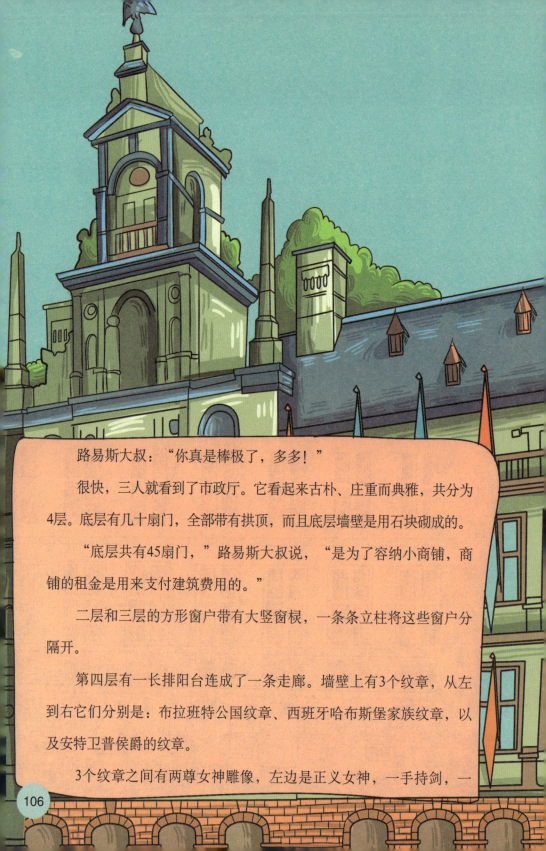

路易斯大叔："你真是棒极了，多多！"

很快，三人就看到了市政厅。它看起来古朴、庄重而典雅，共分为4层。底层有几十扇门，全部带有拱顶，而且底层墙壁是用石块砌成的。

"底层共有45扇门，"路易斯大叔说，"是为了容纳小商铺，商铺的租金是用来支付建筑费用的。"

二层和三层的方形窗户带有大竖窗棂，一条条立柱将这些窗户分隔开。

第四层有一长排阳台连成了一条走廊。墙壁上有3个纹章，从左到右它们分别是：布拉班特公国纹章、西班牙哈布斯堡家族纹章，以及安特卫普侯爵的纹章。

3个纹章之间有两尊女神雕像，左边是正义女神，一手持剑，一手拎天平；右边是审慎女神，一只胳膊挎着钥匙，一只手举着袋子。

四层上面是一座方形建筑，相对较小，两边是两座方尖碑形状的浅绿色四棱塔，上面的金属尖顶就像两根蜡烛。中间圆顶的洞阁里立着"圣母怀抱圣子"的雕像。快到顶部的三角形山墙上刻着"1561"4个阿拉伯数字。整座建筑的最高处是一只金色雄鹰的雕塑，一幅展翅欲飞的姿势。

路易斯大叔说："虽然市政厅很古老了，但现在市长和市参议院仍然在这里办公，会客室也时常用来举办各种会议——孩子们，今天是个难得的开放日哦。"

多多一听，立即高声欢呼："我们的运气实在太好了！"米娜连

连点头，一脸灿烂的笑容。

　　三人迈着轻快的脚步，走进了市政厅，最先去的是市长办公室。看着办公室里古色古香的陈设，路易斯大叔说："从1822年到今天，办公室一直没有变过。你们看那个古老的壁炉，还是1550年设计的呢。"

　　来到婚礼厅，他们一眼就看到5幅图画，画的都是热闹的婚礼仪式。路易斯大叔说："这都是维克多·拉嘎耶的画作，表现了不同历史时期的婚礼仪式，例如，古代比利时的婚礼、罗马时代的婚礼、650年的基督徒婚礼……"

　　这个壁炉的旁边，拉嘎耶还别出心裁地设计了2幅"婚礼"造型。左边是商业和工业的联合，右边是科学和文学的结盟。

走进会议室，只见绝大部分桌子和椅子两两相对，市长的椅子背比较高，放置在南边平台的居中位置。这里有许多铜牌，上面是从1409年开始历任市长的名字，按照时间顺序排列。

会议室的东墙上挂着一组比利时皇室成员的肖像画，其中一幅画的是利奥波德一世的王后。路易斯大叔说："这位比利时王后的肖像画是1855年韦伯斯画的，她名叫路易丝·玛丽，来自法国的奥尔良。"

只见王后站在一把椅子旁边，椅子扶手的顶端是兽头图案，椅子腿的末端是兽爪图案。她头戴王冠，卷曲的栗色头发垂在头两边；银色的束腰长裙下摆垂到脚面上，在腰部束得很细，从腰部以

下则膨胀起来；外罩一件非常华贵的兽皮袍子，看上去像是红色的天鹅绒做的。

之后，三人走出市政厅，来到了市政厅前的广场上。

广场中央有一个喷泉，弧形的水线从一座雕塑各处喷射而出，非常奇特。雕塑的最高处是一个魁梧的男子，他肌肉发达，一只脚站立，脚下还踩着一个奋力挣扎的巨人，一只手已经断掉。

米娜和多多看了半天，没看明白，便问路易斯大叔："这是谁？为什么把他立在这里？"

"他是布拉沃，是降服海怪的英雄！传说斯海尔德河曾经有巨人危害当地人民，正是布拉沃将为祸一方的巨人打败了。"

听完路易斯大叔的解说，多多和米娜非常佩服他渊博的学识。他们参观完市政厅，还有些时间，便回去收拾行李，打算去下一个地方旅游。

安特卫普

　　安特卫普这座兴起于15世纪的城市，距离荷兰边境只有35千米，港口、钻石和鲁本斯是其当之无愧的城市名片。尤其是，这里是世界钻石加工和交易的中心，钻石出口占比利时出口份额的7%！数百年的发展和优越的地理位置，造就了比利时最大港口城市和重要工业城市的地位。

第10章

万能大钟

在安特卫普旅游时，多多常听有人谈到"利尔""大钟"的词语，问过路易斯大叔后，才知道：在利尔市的中心有座齐默尔塔，上面有座很特别的百年天文钟，它有13个表盘，分别显示时间、日期、月圆月缺和潮涨潮落等状态。多多和米娜都对这样一座大钟非常好奇，于是三人从安特卫普乘上火车，15分钟后便到了利尔。

当他们看到齐默尔塔时，发现它的外表非常普通，就是用红砖砌出来的一座方形建筑，没有其他多余的装饰。

"齐默尔塔又叫科尼利厄斯塔，"路易斯大叔说，"原来是利尔14世纪时的一处城市防御工事。1930年，天文学家、钟表制造师路易斯·齐默尔制造了一座百年天文钟。这座大钟被齐默尔赠送给利尔市，然后又被人们安装在这座塔上。后来，人们为了纪念齐默尔，将这座塔重新命名为齐默尔塔。"

多多和米娜一看到塔上的大钟，立即就发现了它与普通钟表的不同之处。路易斯大叔也在旁边不停地讲解着，使他们对大钟更加了解。

从钟表盘上看，大钟中间有一个圆形的大表盘，周边环绕着12个小一些的表盘。中间的大表盘是表示时间的，有分针和时针，上面刻着从"Ⅰ"（即阿拉伯数字1）到"Ⅻ"（即阿拉伯数字12）的12个

罗马数字。

　　大表盘正上方的小表盘，是表示月相的，一半是蓝色，一半是金色，两种颜色露出来的面积大小表示月相变化的不同阶段。金色部分表示可以看见月亮的部分。

　　沿顺时针方向看，旁边的小表盘是表示太阴周（默冬周期）和闰月的，上面有一根指针，19年转一圈。月相变化会在一年的同一日期发生。表盘上还有两圈数字，外圈数字表示默冬周期中当年的数字，内圈数字表示阳历一年中超过阴历的天数。

　　听到这里，米娜不禁问：“什么是默冬周期？”路易斯大叔说：“默冬是古希腊的天文学家，他在公元前432年的

奥运会上宣布发现了太阴周，在19年中加7个闰月，使阴历和阳历每年的天数保持一致。"

第三个小表盘表示的是真太阳时和平太阳时之间的差别。什么是真太阳时和平太阳时呢？原来，真太阳时是指地球绕太阳公转一周所用的实际时间，计算方法是太阳连续两次位于最高位置时之间的时间。平太阳时是地球绕太阳公转一周所用的平均时间，即人们知道的24小时。这两个时间并不完全一致。表盘正上方是数字12，它的下面是一条弧线，弧线下方正中是数字0，左右两边分别排着罗马数字的5、10和15。这些罗马数字的下面也是一条弧线，弧线下面是黑色短竖纹标的刻度。在这些刻度的下面标

着"－"和"＋"两个符号。指针轴位于表盘下方。"＋"表示真太阳时比平太阳时短，"－"表示真太阳时比平太阳时长。

听完这个小表盘的介绍，多多皱着眉头说："这太复杂了，我听得都有些糊涂了，真不知道齐默尔是怎么做出来的。"

第四个小表盘上有12幅图，表示12星座。春季的星座有白羊座、金牛座和双子座；夏季的星座有巨蟹座、狮子座和处女座；秋季的星座有天秤座、天蝎座和射手座；冬季的星座有摩羯座、水瓶座和双鱼座。

第五个表盘表示太阳周期和主日字母，一个太阳周期是28年，表盘上从2到28的偶数位于内圈，外圈是主日字母。在闰年有两个主日字母。

第六个小表盘上有7个古代的神像，对应着7个符号，用来表示星期。7位神像分别是阿波罗太阳神（星期日），对应太阳的符号；戴安娜月亮神（星期一），对应着月牙的符号；马尔斯战神（星期二），对应着圆圈加箭头的符号；赫尔墨斯神（星期三），对应的符号是金色的权杖；朱庇特宙斯神（星期四），对应的符号是闪电；维纳斯女神（星期五），对应的符号是镜子；农业之神（星期六），对应的符号是镰刀和钩子。

　　第七个小表盘表示地球，显示出来的是一个很大的地球仪，每24小时转一圈。

　　第八个小表盘表示月份，表盘上有12个人物，每个人物代表一个月，表盘上有一根指针，一年转一圈。

第九个小表盘表示太阳历，表盘上有两圈数字，外圈是从1到31的奇数，内圈是从2到30的偶数。

第十个小表盘表示季节中的四季，上面的阿拉伯数字表示天，罗马数字表示小时。表盘上有4幅费利克斯·蒂默曼画的画，拿花的孩子代表春季，位于左上方。春季是92天11小时。夏季由一个割草的人代表，季长是93天8小时。哺乳宙斯的羊角象征着秋季，表示丰收，季长是89天10小时。一位老妇人在火炉边读书的图代表冬季，季长正好是90天。图与图之间的圆球表示一个季节的开始，是由太阳照耀开始的。

第十一个小表盘表示利尔的潮汐。表盘上有两个金色圆圈，在里面的小圆圈里有3个符号，一个符号在上部，是一面方旗子，表示水位很高。如果旗子上面还有一个三角旗，表示涨潮；如果三角旗在方旗子下面，则表示退潮。

最后一个小表盘，标着从1到29之间的奇数，表示月亮的周期，就是从上一个满月到下一个满月出现的时间周期，也就是月亮绕地球公转一圈所用的时间，这个周期是29年12小时44分。表盘上的数字是表示离上次新月有多少天了。

参观完这里，路易斯大叔他们又参观了布拉班特省勒芬的市政厅，便结束了这次比利时之旅。

石头花边

从布鲁塞尔乘火车，30多分钟便可以到达勒芬。这里的市政厅被称为"石头的花边"建筑。这座3层高的火焰哥特式建筑，建于1448—1469年间，其外部装饰极其繁复，就像衣服上的花边。市政厅的每一层墙壁都装饰着密密麻麻的人物雕像和其他装饰。236座人物雕像中，第一层雕像是城市当地的重要历史人物，第二层的雕像是守护神或圣徒雕像，第三层则是不同时期的布拉班特公爵和勒芬伯爵的雕像。